AF588739

SOUVENIR DU 6 JUIN 1889

# UNE CINQUANTAINE

A L'INSTITUTION ECCLÉSIASTIQUE

D'YVETOT

ROUEN

IMPRIMERIE ESPÉRANCE CAGNIARD

88, rue Jeanne-Darc, 88

1889

# UNE CINQUANTAINE

## A L'INSTITUTION ECCLÉSIASTIQUE D'YVETOT

SOUVENIR DU 6 JUIN 1889

# UNE CINQUANTAINE

## A L'INSTITUTION ECCLÉSIASTIQUE

## D'YVETOT

ROUEN

IMPRIMERIE ESPÉRANCE CAGNIARD

88, rue Jeanne-Darc, 88

1889

# UNE CINQUANTAINE

## A L'INSTITUTION ECCLÉSIASTIQUE D'YVETOT

LE 6 juin dernier, les Professeurs et les Elèves de l'Institution Ecclésiastique d'Yvetot célébraient la fête de leur Supérieur avec une solennité plus grande qu'à l'ordinaire.

Cinquante ans de travail, cinquante ans consacrés à l'éducation sont un évènement. Comme la Maison elle-même avait célébré ses noces d'or, en 1876, son chef devait avoir aussi les siennes à son tour.

Il y a des solennités faciles à décrire; la pompe qui les accompagne et l'éclat dont elles brillent au dehors frappent les regards, et le narrateur a beau jeu pour en retracer le tableau.

Tel n'est pas le caractère de la fête dont nous voudrions fixer le souvenir. Elle s'adresse moins aux yeux qu'à l'esprit et au cœur. C'est une de ces journées dont parle le poète, où l'air est plus pur, le soleil plus doux, la verdure plus riante, comme si les choses s'imprégnaient elles-mêmes de l'allégresse qui remplit les cœurs et qui rayonne sur les visages. Il en reste dans l'âme un charme discret, intime, tout en dedans, que, le soir, en s'en allant, on emporte comme un parfum plein de douceur. Si vous essayez de communiquer à d'autres ce sentiment exquis, vous aurez de la peine à le définir, et peut-être en serez-vous réduit à répéter ce mot d'un témoin : « Qu'on est heureux d'avoir assisté à une semblable fête ! »

Le nombre de ces heureux a été forcément restreint, beaucoup plus restreint que nous ne l'aurions voulu ; tous nos amis n'étaient pas là, et pourtant la Maison était pleine. Aussi est-ce surtout pour les absents, pour ceux que nous avons, non pas *oubliés*, mais *regrettés*, que nous allons essayer de faire le compte-rendu de cette journée.

# LA VEILLE

Comme toutes les grandes fêtes, la Cinquantaine eut sa vigile.

Le mercredi soir, la Maison se rassembla, dans l'intimité d'une réunion peu nombreuse, pour offrir à M. le Supérieur ses vœux à l'occasion de sa fête. Déjà pourtant on ne parla que de la cinquantaine; la pièce traditionnelle de vers latins ouvrait le feu avec ce distique en refrain :

*Ecce Domus celebrat plus quam solemnia festa;*
*Quinquaginta annos consecrat una dies.*

Cette même pensée fut développée dans une ode française que nous demandons la permission d'insérer ici. C'est un rhétoricien qui a composé cette poésie. On aimera sans doute à voir les sentiments qui animaient les cœurs de nos élèves, exprimés naïvement par l'un d'entre eux, et le souffle d'enthousiasme sincère qui passe dans ces strophes, encore jeunes, leur fera pardonner, s'il est en besoin, quelques faiblesses.

## LA CINQUANTAINE

Salut à toi, Philippe! Enfin le ciel te donne
De cueillir aujourd'hui la plus belle couronne,
Après les roses du printemps;
Qu'en ces fêtes, que va résumer une fête,
Nous avions souhaité de voir ceindre ta tête,
La couronne des cinquante ans!

Poètes, à vos luths, poètes, pleins d'ivresse!
Il nous faut aujourd'hui des hymnes d'allégresse,
Dont frémissent longtemps les échos attendris;
Des chants, comme ici-bas, l'amour seul sait en faire.
Aujourd'hui, ce n'est plus une fête ordinaire,
Mais cinquante ans entiers en un jour refleuris.

Cinquante ans! Quelle étape au chemin de la vie!
Dès le matin partir où le ciel vous convie;
Au travers de ce monde, et, sans être abattu,
Marcher toujours front haut, et parvenir au terme,
Sans avoir ralenti le pas, et toujours ferme
Dans cet étroit sentier qu'on nomme la vertu.

Cinquante ans de travail, de sacrifice austère
Pour défricher toujours et préparer la terre,
Malgré l'horizon incertain,
A recevoir sa part de la bonne semence,
Quel sublime courage et quelle tâche immense!
Mais aussi quel noble destin!

Tandis qu'en un tumulte étrange,
Soumis à la commune loi,
Les rois, que d'un seul mot Dieu change,
Disparaissaient autour de toi,
Toi, sous la garde tutélaire
Du Saint qui fut ici ton père,
Élevé dans le sanctuaire,

Croissant à l'ombre des autels,
Sous ce toit, maintenant le nôtre,
Doux jeune homme et modeste apôtre,
Tu vis tomber l'un après l'autre
Ces éphémères Immortels !

Et tu continuas tes leçons attentives,
Prêtre, professeur, père, à ces âmes naïves,
Que tu semblais vouloir de ton âme animer.
Elles goûtaient le bien en te le voyant faire,
Car, sans prendre jamais un accent trop sévère,
Si tu parlais du ciel, tu le faisais aimer.

Aussi, tous ces enfants, dont tu fus le modèle
Et qui gardent leur cœur à tes leçons fidèle,
Accourent aujourd'hui t'offrir leurs meilleurs vœux ;
Ils savent que pour eux tu donnas ta jeunesse,
Et que tu travaillais pour eux, quand la vieillesse
A, sans bruit, lentement, neigé sur tes cheveux.

Le temps passa ; Xavier et Pierre se courbèrent,
Et, leur tâche remplie, eux aussi succombèrent.
La Maison restait veuve et cherchait un soutien ;
Tu consentis alors, dans ton amour sincère,
En demeurant son fils, à devenir son père,
Pour protéger ce toit plus que jamais le tien.

Ainsi, quand sur un char de flamme,
Dans le ciel enlevé soudain,
Pour le Dieu que voyait son âme,
Élie eut quitté le Jourdain,
Sur les bords de l'onde irisée,
Le cœur saignant, l'âme brisée,
Tremblant, à genoux, Élisée
Sanglotait son dernier adieu ;
Mais quand son maître, sous l'orage,
Eut disparu dans un nuage,
Il vit, jeté sur le rivage,
Le manteau de l'homme de Dieu.

Ainsi, près de quitter la terre
Pour passer au divin séjour,
Pierre, sur son lit funéraire,
Te laissait à son dernier jour,
Pour ranimer ton espérance,
Sa bonté, sa persévérance
Et son dévouement à l'enfance,
Qu'en mourant il aimait encor.
Et toi, de ce nouvel Élie,
Élisée, à l'âme attendrie,
De sa main mourante et pâlie
Tu reçus le touchant trésor.

Enfin Supérieur ! Quels travaux ! Quels ouvrages
De ton soin paternel glorieux témoignages !

C'est le robuste corps réparant ses malheurs,
C'est l'œuvre qui grandit, le grain qui multiplie,
C'est l'arbuste étendant ses rameaux, et qui plie
Sous le poids déjà lourd de ses fruits, de ses fleurs;

C'est le temple de Dieu qui s'embellit encore,
C'est cette salle immense, à l'écho si sonore;
C'est aussi Saint-Joseph, là-bas,
Ton œuvre la plus belle, à ton cœur la plus chère,
Jardin de tendres fleurs, aimable pépinière,
Qui croît à l'ombre de ton bras ;

C'est la Maison marchant en ses premières routes,
Les restes de Robert rapportés sous nos voûtes
Et reposant auprès de ses dignes aînés;
C'est, grâce à tes leçons, la piété croissante ;
C'est avec la vertu l'étude florissante.
C'est cinquante ans enfin aujourd'hui couronnés.

Yvetot! Yvetot! Maison d'esprit austère,
Ah! puisses-tu garder le touchant caractère
Qui nous a fait aimer ce lieu,
Étendre autour de toi tes bienfaisantes ailes,
Et longtemps élever dans les airs tes tourelles,
Et porter tes enfants vers Dieu!

Que ne pouvez-vous, à cette heure,
Héros de temps moins fortunés,

Quitter un moment la demeure
Où vos travaux sont couronnés !
Vous verriez que de votre trace,
Pierre, Xavier, rien ne s'efface,
Que Philippe est de votre race
Et fait revivre votre loi ;
Vous pourriez lui dire : « Courage !
» Tu complèteras notre ouvrage,
» Tu conserves notre héritage
» Et nous sommes contents de toi ! »

Il fallut se borner pour cette première séance : chaque classe passa à son tour avec un seul compliment. M. le Supérieur voulut bien s'en contenter, soupçonnant que le lendemain lui réservait des surprises. D'ailleurs la Maison attendait un hôte illustre et bien-aimé, Sa Grandeur Monseigneur l'Archevêque de Rouen, qui avait bien voulu promettre d'assister à la fête et qui poussait la condescendance jusqu'à venir dès la veille.

Après le souper, *Séance récréative*, fort récréative, en effet, *par M. Ch. Baret, du Théâtre des Variétés de Paris.* Monologues, chansonnettes, scènes comiques, excitèrent, pendant près de deux heures, les plus francs éclats de rire.

Mais ce n'était là qu'une simple préface et comme le prélude de la fête elle-même.

# LE JEUDI 6 JUIN

## *LA MESSE*

A journée s'ouvre, comme il convient, par une messe d'actions de grâces. Sa Grandeur y assiste, ayant à ses côtés M. Lair, son vicaire général, et M. Duval, curé de Notre-Dame du Havre, vicaire général honoraire.

La plupart de nos invités étaient venus dès le matin et remplissaient la chapelle. Citons parmi ces invités M. Bonamy, vicaire général,

M. le Supérieur du Grand-Séminaire, MM. les Supérieurs du Petit-Séminaire et des maisons ecclésiastiques Boisguillaume et Mesnières, le T. R. P. Campana, de la Congrégation du Saint-Esprit, vicaire apostolique du Bas-Congo, plusieurs Chanoines et Doyens, M. le Curé d'Yvetot et les Prêtres du Doyenné, le plus grand nombre des anciens Professeurs de la Maison ; parmi les anciens élèves, les plus âgés, tant prêtres que laïques, et ceux qui ont gardé avec la maison des rapports plus fréquents. L'Association des anciens Élèves était représentée non seulement par le Président, mais par tous les Membres du Bureau.

A ce moment la chapelle offre un spectacle vraiment édifiant : les élèves, pieusement recueillis, et les *anciens*, prêtres et laïques, s'unissant, dans la reconnaissance et la prière, au divin sacrifice offert par celui qu'ils aiment comme un ami ou comme un père.

Sa Grandeur en est émue : Elle ne s'était pas préparée à parler; mais, entendant ces mots de l'épître du jour (c'était l'octave de l'Ascension) : *Eritis mihi testes*, Elle ne peut s'empêcher d'en faire l'application au vaillant groupe de chrétiens qu'elle a sous les yeux, et, pendant une demi-heure, Elle tient l'auditoire sous le charme de sa chaude et entraînante parole.

Ce n'est point un pâle résumé qui pourrait donner à nos lecteurs l'impression de cette éloquence improvisée, où la sincérité de l'accent et la vivacité de l'action le disputaient à la richesse et à la beauté des développements. Que ne pouvons-nous seulement enchâsser ici l'éloge si bien senti que Sa Grandeur a solennellement adressé devant les autels au digne M. Lair, qu'Elle a si heureusement appelé le patriarche de l'enseignement dans ce beau diocèse.

Après la messe, suivie de la Bénédiction du

Saint-Sacrement donnée par Monseigneur, les invités se dispersent dans le jardin et dans les cours, en attendant la séance littéraire. A Dieu les premiers honneurs et les premières actions de grâces : c'était justice. N'est-ce pas sa protection spéciale qui a donné à M. le Supérieur ces cinquante années de travail et de dévouement? Maintenant, à M. le Supérieur lui-même les hommages et les félicitations auxquels il a droit.

## *LA SEANCE LITTERAIRE*

Entrons dans la salle des fêtes. Elle a plus grand air que de coutume avec la scène qui en décore le fond. C'est sur cette estrade d'un nouveau genre que vont s'asseoir Monseigneur l'Archevêque, M. le Supérieur et quelques invités. Bientôt tout le monde est à sa place, l'auditoire est attentif, bienveillant, porté à l'indulgence. Que nos lecteurs veuillent bien s'efforcer ici d'entrer dans les mêmes dispositions.

C'est une *Séance littéraire*, dit le programme. La Poésie en fera les frais, avec le concours de la Musique, sa sœur.

Rendons justice au zèle de M. Krehmer, qui a dû se multiplier pour remplir les nombreux intermèdes de la soirée et du jour. Son talent est connu et n'a pas besoin de nos éloges. Sans parler du choix des morceaux, dicté par le goût large, mais sûr, d'un connaisseur éclectique, — citons le *Menuet de l'Arlésienne*, de Bizet ; le *Menuet du Barry*, d'Eug. Anthiôme ; une *Sonatine*, de Beethoven, etc., etc., — on sentait dans son jeu l'âme et l'expression qui dénotent un véritable artiste. Aussi habile organiste que pianiste distingué, il a interprété en maître différentes œuvres, depuis la *Marche triomphale*, de Gounod, sur l'entrée de Jeanne d'Arc à Reims, jusqu'à la *Marche militaire*, de Shubert, en passant par une jolie *Prière*, de Lefébure-Wély.

M. Salesses, le professeur de violon, a, du reste, fort bien secondé M. Krehmer, en formant un orchestre de ses meilleurs élèves. On a beaucoup remarqué le talent naissant d'un jeune violoniste, qui a exécuté avec beaucoup de goût et de sûreté un *solo* la veille, et un autre à la séance littéraire.

S'il fallait donner un titre à l'œuvre poétique qui va suivre, nous l'appellerions volontiers une Trilogie. Le héros de la fête y est célébré dans les trois phases principales de sa vie : enfant d'abord, puis professeur, enfin supérieur.

Cependant il convenait d'adresser à Monseigneur un compliment de bienvenue, avec nos remerciements pour l'honneur qu'il nous faisait de présider notre Cinquantaine. La pièce de vers qu'on va lire a répondu, ce nous semble, aux sentiments de tous.

Amis, quel doux murmure! Et pourquoi dans ces lieux
Ces applaudissements et ces concerts joyeux?
Pourquoi cette illustre assistance?
Pourquoi devant l'autel, spectacle si touchant!
Tout un peuple en prière, offrant au Tout-Puissant
Les vœux de sa reconnaissance?

Ah! pour cette famille un beau jour s'est levé,
Jour dont le souvenir demeurera gravé
A jamais dans notre mémoire :
Cinquante ans de travaux, d'humble et saint dévouement :
Tel est, chacun le sait, le grand évènement
Dont tout Yvetot se fait gloire.

Le bruit en est venu jusqu'à vous, Monseigneur.
Vous avez dit : « J'irai, car je veux faire honneur
« A ce bienfaiteur du jeune-âge; »
Et quand tout vous parlait d'un trop juste repos,
Vous venez rehausser la fête et son héros
Placés sous votre patronage.

Vous honorez le Père et vous charmez les fils :
Voyez, cher Monseigneur, leurs fronts épanouis
Où brille une vive allégresse ;
Voyez leurs yeux tout pleins de respect et d'amour ;
Mieux que ma voix, ces yeux vous diront tour à tour
Et leur bonheur et leur tendresse.

D'autres célébreront Léon dans ces grands jours
Où l'art, la piété, par un heureux concours,
Joignaient leurs élans séraphiques.
Tes plus beaux noms, ô France, ont retrouvé par Lui
Un éclat dont chez nous ils n'auraient jamais lui
Sans ces pompes si magnifiques.

Et Corneille et La Salle ont part à ces honneurs,
L'un dans Votre palais, l'autre dans les splendeurs
De l'antique Primatiale ;
Car si Rouen du premier fut l'illustre berceau,
Du second c'est à Rouen qu'est gardé le tombeau
Par la piété filiale.

En attendant que Rome, en termes solennels,
Acclame Jeanne aussi, lui dresse des autels,
Léon a tout fait par sa gloire.
Hier encore Rouen chantait ce nom béni,
Et la chaire et les arts exaltaient à l'envi
Sa chaste et pieuse mémoire.

Vienne bientôt le jour où le marbre et l'airain
Feront revivre, ô Rouen, dans tes murs, en ton sein,
Les traits de la « Bonne Lorraine! »
C'est le vœu le plus cher de ton premier Pasteur;
Avec lui tu vas mettre et ton or et ton cœur
A venger ton aimable reine.

Nos annales diront par quel sublime effort
A l'art chrétien Léon donne un si bel essor,
Un nouveau lustre à l'éloquence.
Pour aller jusqu'aux cœurs, à leurs charmes ouverts,
Le zèle et le génie ont des chemins divers;
Ils ont une égale puissance.

Nos *anciens*, devançant Votre appel éloquent,
Ont déjà mis leur pierre au pieux monument;
Leurs cadets offrent leur obole :
La Patrie et la Foi donnent à l'unisson
Tant de flamme au grand cœur de l'illustre Léon,
Tant d'efficace à sa parole!

Solennelle en ces jours par Vous-même ennoblis,
Votre voix se fait tendre avec « Vos chers Petits »
(Ainsi les nomme votre bouche.)
Pour vous, comme autrefois, pour le divin Sauveur,
Les voir est un repos, leur parler un bonheur;
Vous aimez tant ce qui les touche!

Clercs, jeunes gens, enfants ont part à vos bienfaits :
Vos faveurs et vos soins sont acquis à jamais
Aux élèves du sanctuaire.
Quatre supérieurs, assis à vos côtés
Pour s'unir à nos vœux, connaissent vos bontés;
Vous êtes leur guide et leur Père.

Que Dieu garde en retour et Pasteurs et troupeaux;
Qu'à vos maisons il donne accroissements nouveaux,
Succès et bonne renommée;
Que laïques et clercs, partageant votre ardeur,
Combattent pour le Christ et défendent l'honneur
De son Église bien-aimée!

Je finis, Monseigneur, en vous disant : Merci!
Merci pour le passé, pour le présent aussi;
Car vos regards semblent nous dire :
« Enfants, il est pour vous un autre et saint devoir;
« Un Père en ce beau jour doit aussi recevoir
« L'hommage de son jeune empire. »

Voici maintenant quelque chose que nous appellerons une pièce-programme, un avertissement à l'auditoire. Qu'on se figure le *Prologus* antique, l'acteur-prologue de Plaute ou de Térence, venant familièrement expliquer le sujet de la pièce.

# PROGRAMME

Vous me voyez dans l'embarras :
Il me faut vous faire un programme.
Or, un programme, n'est-ce pas,
A souvent l'air d'une réclame,
Dont le spectateur rabattra :
C'est le mot du bon La Fontaine.
Mais ne peut-on faire un extra,
Au matin d'une cinquantaine?

Donc, à Philippe tout l'honneur!
A Philippe cette journée!
(Par votre bonté, Monseigneur,
Permission nous est donnée.)
Tant pis si notre empressement
Met sa modestie à la gêne;
Car ce n'est pas impunément
Qu'on arrive à sa cinquantaine.

En moins d'une heure, cinquante ans
Vont passer devant l'auditoire ;
Presque pas de faits éclatants :
Heureux les peuples sans histoire !
Assez de gens font trop de bruit ;
Le bien, on ne l'entend qu'à peine.
Dans le calme mûrit le fruit
Que l'on cueille à la cinquantaine.

D'abord, on vous transportera
Quelque soixante ans en arrière ;
Philippe se présentera
Tout au début de sa carrière :
Enfant... pas plus grand que cela,
Tel que j'en vois une centaine ;
Ne songeant guère, en ce temps-là,
A célébrer sa cinquantaine.

Puis, dans le corps professoral,
Il sera simple subalterne ;
Mais le bâton de maréchal
Perce déjà dans sa giberne.
Si, dans ce métier hasardeux,
Et je crois la chose certaine,
Un an de campagne en vaut deux,
C'est doublement la cinquantaine.

Et vous qui, dans la légion
De ces héros du premier-âge,
Avec même religion
Avez montré même courage,
Vous aurez place en cet honneur,
Vous avez partagé sa peine,
Ayez donc part à son bonheur;
C'est aussi votre cinquantaine.

Pour chanter son avènement,
Poètes, prenez votre lyre.
Célébrez son gouvernement
Avec le classique délire!
Il règne depuis dix-huit ans.
Dans l'histoire contemporaine,
Combien de rois ou présidents
Ont célébré leur cinquantaine?

Cette simple annonce a été favorablement accueillie; c'était de bon augure pour la Trilogie elle-même. Elle commence par une scène d'enfance : *La Première Communion* de M. le Supérieur dans la primitive chapelle de la maison.

# LA PREMIÈRE COMMUNION

Ils s'en allaient, tremblants et le front radieux,
Muets, la joie au cœur et les larmes aux yeux,
Ces enfants, doux essaim de grâce et d'innocence,
Vers l'autel, revêtu de sa magnificence;
Et le prêtre, penché, l'hostie entre les doigts,
Leur partageait Jésus pour la première fois.

Elle était bien modeste alors notre chapelle;
Ce jour-là toutefois elle parut plus belle.
Pauvre, elle avait Jésus, le céleste trésor;
Étroite, la prière y prenait bien l'essor.

Philippe, il te souvient de ce jour mémorable.
Laisse nous évoquer cette scène adorable;
Puisque, dans le passé, nous cherchons l'avenir,
Où trouver pour ton âme un plus cher souvenir?

Il t'en souvient, Philippe, à genoux sur la pierre,
A peine osant lever ta tremblante paupière,

Ouvrant ta lèvre émue et plus encor ton cœur,
Tu le sentis ravir par un charme vainqueur :
La terre avec le ciel te sembla confondue,
Et, sur l'aile d'amour, ton âme suspendue,
Dans un souffle divin de tendresse et de foi,
S'envolait vers le Dieu qui descendait vers toi.

Et la main de Xavier opéra le mystère.

En ce suprême instant, descendus sur la terre,
Les anges prosternés environnaient l'autel,
Et peut-être enviaient le bonheur d'un mortel.
Quand ils virent l'enfant, alors bien plus qu'un ange,
De lui-même avec Dieu faire un sublime échange :
« Le voilà, pensaient-ils, l'enfant d'élection
« En qui Jésus a mis sa prédilection.
« Xavier, si tu savais ce que Dieu sait ! Regarde,
« Il est là, sous tes yeux, l'enfant que Dieu te garde.
« Laisse-le croître encore à l'ombre de ton bras ;
« C'est pour Dieu, c'est pour toi, que tu l'élèveras :
« Tu peux compter un jour sur sa reconnaissance.
« Ton cœur est inquiet ; encore à sa naissance,
« Ta maison tremble et marche à pas mal affermis.
« Ne crains plus désormais, l'avenir t'est promis.
« Tu peux prier, tu peux lutter, tu peux poursuivre :
« Dans cet aimable enfant ton esprit doit revivre. »

Je ne sais si Xavier comprit ; mais, de ce jour,
Pour Philippe Xavier eut un plus tendre amour.

De l'enfant au professeur, il y a loin, d'ordinaire. Dans le cas présent, ne cherchons pas de transition : en réalité, il n'y en a point, puisque notre héros passa de plein saut des bancs de l'étude à la chaire de professeur. A seize ans il terminait sa rhétorique et devenait aussitôt l'auxiliaire de ses maîtres. On le voit, la poésie est ici d'accord avec l'histoire.

Évoquer le lointain souvenir de son entrée dans la carrière, le suivre dans le progrès de ses années et de ses services, le faire passer de nouveau par tous les degrés de l'enseignement, depuis les classes les plus élémentaires jusqu'à la chaire de philosophie, retracer enfin les mérites du professeur de race et en appeler, pour appuyer l'éloge, au témoignage de ses anciens élèves, là présents en si grand nombre, c'était rendre d'une heureuse manière justice et hommage à l'ouvrier infatigable qui a supporté si longtemps le poids de la chaleur et du jour. Aussi ont-elles été applaudies, comme elles le méritaient, les strophes du *Souvenir*.

## LE PROFESSEUR

### SOUVENIR

Anciens de la maison, élèves d'un autre âge
Qui, chaque année, heureux de ce petit voyage,
En foule à notre fête aimez tant à venir,
Prêtez l'oreille : il faut que Philippe renaisse
Tel qu'aux jours où sa voix charmait votre jeunesse,
Vous en gardez le souvenir.

A ses débuts, Messieurs, quel entrain plein de charmes !
Comme il volait ardent à ses premières armes !
En lui, grâce, talent, déjà venaient s'unir.
Son jeune astre n'était pourtant qu'à son aurore ;
A peine sur son front seize ans venaient d'éclore,
Vous en gardez le souvenir.

Tel il vous apparut, novice en sa carrière,
Tel depuis, sans faiblir ni tourner en arrière,
Ferme dans son devoir il sut se maintenir.
Il fut du professeur la plus fidèle image,
Vous-mêmes autrefois lui rendiez cet hommage,
Vous en gardez le souvenir.

Pour cette œuvre si rude, où le plus fort succombe
Et bien avant le soir, vaincu, chancelle et tombe,
Le ciel d'un triple airain avait dû le munir.
La fatigue sur lui ne laissait point de trace :
Des antiques vaillants il incarnait la race,
Vous en gardez le souvenir.

Aussi, comme il lançait les enfants à l'ouvrage !
Témoin ces longs devoirs que, malgré leur courage,
Les plus actifs pouvaient à grand peine finir,
Et témoin ces leçons que, par pages entières,
Sans compter, il donnait sur toutes les matières,
Vous en gardez le souvenir.

Et pourtant, plein d'égards pour la triste paresse,
Il savait, unissant au blâme la caresse,
Plaindre, exhorter, reprendre et rarement punir.
Si parfois sur son front passait quelque nuage,
Bien plus pur le soleil brillait après l'orage,
Vous en gardez le souvenir.

Pour instruire et fixer son volage auditoire,
Souvent il racontait quelque gentille histoire ;
Par là, des plus petits il se faisait bénir.
Vraiment ils n'avaient tous qu'à le voir ou l'entendre
Pour s'écrier : « Voilà le maître le plus tendre! »
Vous en gardez le souvenir.

Plus tard, lorsqu'abordant une étude plus chère,
Il vint de rhétorique orner l'illustre chaire,
On crut du vieux Rollin voir les temps revenir ;
Même sévérité de goût, même justesse,
Pour former les esprits même délicatesse,
Vous en gardez le souvenir.

Aux écarts de la plume il ne pardonnait guère :
Tout détail hasardé, tout mot bas ou vulgaire,
Sans pitié, du discours il le fallait bannir ;
Malheur à l'imprudent qui, jouant au jeune aigle,
Dans un trop libre essor s'écartait de la règle !
Vous en gardez le souvenir.

Quel grec a mieux goûté Sophocle ou Démosthène ?
Sous sa parole d'or les grands hommes d'Athène
Renaissaient pleins de vie et semblaient rajeunir ;
De Térence il aimait à citer mainte scène,
Il connaissait Horace aussi bien que Mécène,
Vous en gardez le souvenir.

Dirai-je ses succès, maître en philosophie ?
Ce fut le seul orgueil de sa modeste vie.
Quels diplômes, Messieurs, il faisait obtenir !
Dressés par un lutteur d'une aussi forte taille,
Ses candidats sans crainte allaient à la bataille,
Vous en gardez le souvenir.

Mais à tous ces enfants, tendre objet de ses peines,
C'était peu d'enseigner les sciences humaines.
Prêtre, il visait plus haut ; il sut y parvenir,
Et déposant en eux de féconds et saints germes,
Il en fit des chrétiens dans leur foi toujours fermes,
Vous en gardez le souvenir.

C'est ainsi que voyant passer, passer sans cesse
Les flots renouvelés de l'ardente jeunesse,
Cinquante ans il a pu défier l'avenir !
Et l'avenir, toujours respectant sa personne,
Sur sa tête a placé la plus belle couronne :
Messieurs, c'est votre souvenir !

Philippe, ah ! sois heureux, rien ne manque à ta gloire.
Tes élèves sans nombre honorent ta mémoire ;
Dans leur cœur il n'est rien qui puisse la ternir.
Nous aussi, nous serons dignes de nos ancêtres,
Comme eux, reconnaissants pour le meilleur des maîtres,
Nous garderons ton souvenir.

Quels étaient, durant cette lecture, les sentiments de M. le Supérieur? Sans doute, tandis que sa pensée remontait le cours de sa vie, il goûtait le plaisir mélancolique qu'apporte avec soi, selon le mot du poète, le souvenir dès labeurs et des luttes passées. Mais sans doute aussi, son cœur lui parlait de ses compagnons de route, de ceux qui avaient travaillé avec lui à l'œuvre commune. Les uns avaient déjà fini leur course et jouissaient de la récompense; les autres formaient en ce moment autour de lui comme une couronne de frères. Certes, tous méritaient une part de l'honneur qui lui était fait à lui-même; leurs noms avaient droit de briller à côté du sien. Aussi quelle satisfaction pour son amitié reconnaissante, à mesure que les couplets de la chanson suivante faisaient passer sous ses yeux les portraits de M. Robert, de M. Lair et de M. Duval! Inutile de dire que l'assemblée a fait le plus sympathique accueil à ces *médaillons et profils* d'anciens professeurs.

## YVETOT EN 1850

Messieurs, quelle auguste assemblée,
Quel sénat de prêtres pieux,
A cette époque reculée,
Yvetot présente à nos yeux!
Je vois alors dans chaque classe
Pour maître un fameux professeur,
En son métier fort connaisseur,
Dont rien n'arrête et rien ne lasse
Le dévouement et la douceur.

Refrain.

Dans ce cortège, Monseigneur,
Philippe est là qui tient sa place.

C'est à cette époque héroïque
Que l'illustre et docte Gallouin,
Dans la belle langue hellénique,
Poussait les études si loin ;

Burnouf, pour lui, fut sans mystères,
Il l'expliquait de cent façons
Dans ses lumineuses leçons;
Et ses étonnants commentaires
Charmaient tous les jeunes garçons.

Refrain.

On l'eût dit pour bien des raisons
Un Grec égaré sur nos terres.

En ce temps-là, le père Gilles,
Homme à l'esprit plein de rondeur,
Grâce à ses procédés habiles,
Brillait de toute sa splendeur.
Inépuisable répertoire,
Il savait trouver tous les jours
Contes nouveaux et nouveaux tours,
Et pour amuser l'auditoire
Il en émaillait tous ses cours.

Refrain.

Il n'est pas jusqu'aux calembours
Dont il ne tirât quelque gloire.

Il faut ici que je rassemble
Trois amis, hommes du devoir.
En tous les trois brillaient ensemble
Zèle, modestie et savoir.

Si du mérite qui s'efface
Il fallait faire le portrait,
Leplay, Simon et Pécuchet,
Laissez-moi vous le dire en face,
Vous lui fourniriez plus d'un trait.

REFRAIN.

Elle a beau chercher le secret,
La vertu brille, quoiqu'on fasse.

Par sa délicate finesse
Faisant le charme des gourmets,
Maître Duval, à la jeunesse
Servait les plus savoureux mêts.
Il apparaissait, sans conteste,
En tout, un fin littérateur,
Poète aimable et doux conteur;
En vers, en prose, oui, je l'atteste,
Vraiment, c'était un enchanteur.

REFRAIN.

Qu'il eût fait un brillant auteur,
Si sa plume était moins modeste!

Saluons un grave visage
Dont le ton, l'attitude et l'air
Imposaient respect au moins sage :
J'ai nommé le digne abbé Lair.

A la règle jamais d'entorse ;
C'était l'homme d'autorité,
Immuable en sa gravité.
Pourtant sous cette rude écorce
Battait un cœur plein de bonté.

REFRAIN.

Monseigneur, en réalité
C'était la douceur dans la force.

Serait-il possible de taire,
Dans ce défilé des aïeux,
Celui dont tout sur notre terre
Proclame le nom glorieux?
D'autres chanteront les merveilles
Qu'avec ses crayons, ses compas,
Il semait partout sur ses pas;
Nous, disons bien haut aux oreilles
Qu'il fut le papa des papas.

REFRAIN.

Non, Robert, nous n'oublierons pas
Tes bonnes classes sans pareilles.

Recevez aussi notre hommage,
O vieux maîtres qui n'êtes plus.
A nos yeux votre douce image
Porte au front le sceau des élus.

Vous, Gibert, âme maternelle,
Et vous, tendre Hébert, au cœur d'or,
Et vous que l'on regrette encor,
Haquet, des amis le modèle,
Vous étiez pour nous un trésor.

Refrain.

Vous tous, en lui donnant l'essor,
Avez fait la Maison si belle.

Conservant ce noble héritage
Tout un demi-siècle humblement,
Philippe a transmis d'âge en âge
Leur exemple et leur dévouement.
A cette tâche surhumaine
Il a consacré tout son cœur,
Ses talents, sa rare vigueur;
Cinquante ans il fut à la peine :
Aujourd'hui qu'il soit à l'honneur !

Refrain.

Amis, fêtons avec bonheur,
Applaudissons sa cinquantaine !

Pendant l'intermède musical, le professeur est devenu supérieur. C'est le troisième acte de la Trilogie.

Dix-huit années de sage gouvernement et de bonne administration, dix-huit années de paix pour la Maison, les traditions maintenues sans préjudice des réformes nécessaires, les bonnes études préservées autant que possible de *cet esprit d'imprudence et d'erreur* qui en précipite la décadence, le lien de fraternité qui unit tous les enfants de la Maison de plus en plus resserré, les accroissements matériels marchant de pair avec le progrès moral, les bâtiments restaurés ou agrandis, l'externat Saint-Joseph fondé..... Mais arrêtons-nous, et laissons la parole au poète. Passons-lui le titre pompeux dont il décore son sujet : un peu d'exagération ne messied pas à un disciple de Pindare. Prêtons donc toute notre attention aux *Merveilles du règne.*

## LES MERVEILLES DU RÈGNE

Pierre Labbé n'est plus. Sa maison éplorée,
Jointe aux nombreux amis dont il était l'honneur,
Gémissait tristement de s'en voir séparée.
Qui la consolera dans sa juste douleur?
Sous les yeux de Xavier, sous sa main tutélaire,
Un doux enfant avait grandi.
Déjà c'est un maître accompli,
Formé par les leçons de Pierre.
De la maison qu'il soit le Père,
Et qu'il la gouverne après lui!

Le fils obéissant reçoit cet héritage.
Si c'était un honneur, c'était un lourd fardeau!
De saintes amitiés soutiennent son courage.
A son règne le Ciel donne un éclat nouveau.
Robert, quoique de loin, seconde sa sagesse.
Robert, mais c'est le vieux Nestor,
De la maison c'est le Mentor.
Jusqu'à son extrême vieillesse
Il fut l'ami de la jeunesse;
Que son nom nous est cher encor!

Mais Robert était loin. La douce Providence
Aux côtés de Philippe avait placé Haquet,
Comme lui, tout brûlant d'amour pour notre enfance.
Vos deux âmes vibraient dans un accord parfait.
Quel trésor, disais-tu, quel appui secourable
Que le plus sage des amis !
De quels liens vous étiez unis !
C'était une ville imprenable
Que cette union inviolable
Dont tu savais si bien le prix.

Entre Philippe et lui, quel concert magnifique !
On ne sait qui des deux ordonne le premier.
Leurs desseins sont communs, leur vouloir est unique ;
Mais Haquet sait se taire et se faire oublier.
Je vois surgir alors une ère glorieuse.
Tout se transforme en ces parvis ;
Enfants dociles et ravis
S'y pressent en troupe nombreuse.
Oh ! que la famille est heureuse
Sous les lois de ces deux amis !

Le Havre, dans ses murs, réclamait de ton zèle
Pour ses jeunes enfants un asile nouveau ;
Pouvais-tu dire non à la ville fidèle,
Le berceau de Xavier et l'espoir du troupeau ?
Oh ! qui n'admirerait comment sous tes auspices,

Si sombre que fût l'avenir,
Là-bas nous avons vu surgir
De religieux édifices,
Que tes plans, que tes sacrifices
Devaient tour à tour embellir !

Ici deux anciens élèves de l'externat Saint-Joseph montent timidement les degrés de l'estrade, et, d'une voix tremblante, fredonnent plutôt qu'ils ne chantent une courte romance, en mémoire des heureux jours qu'ils ont passés là-bas. Qu'on ne s'étonne pas de l'accent plaintif emprunté pour la circonstance à l'élégie de l'*Exilé*, immortalisé par Châteaubriand. Pour les Joséphins, Yvetot n'est pas un exil; mais il est vrai que ce nom de Saint-Joseph rappelle les plus doux souvenirs aux enfants qui ont passé là leurs premières années. Et ces regrets, on le pense bien, ne sont pas pour déplaire à M. le Supérieur. Saint-Joseph est son œuvre de prédilection. Comme il l'aime en effet! comme il l'entoure de sa sollicitude! S'il le confie à la sagesse d'un autre lui-même, il ne cesse pas pour cela de le visiter, de le diriger, de le seconder dans son développement.

## SAINT-JOSEPH

Combien j'ai douce souvenance
De Saint-Joseph, lieu de plaisance,
Où j'ai passé mes plus beaux jours
D'enfance;
Saint-Joseph sera mes amours
Toujours!

Au Havre, non loin du rivage,
S'élève un charmant ermitage,
Qu'un épais bosquet de lilas
Ombrage ;
Comme on prenait bien ses ébats
Là-bas!

Joyeux prisonniers d'un bocage,
Qu'il était gai notre ramage!
Car on nous ouvrait tous les jours
La cage.
O Saint-Joseph, sois mes amours
Toujours!

La règle n'est jamais sévère,
Tout professeur est un bon père,
Puis chaque jour on peut revoir
Sa mère.
Sur ses genoux on va s'asseoir
Le soir.

Puisse ta jeune colonie,
Ainsi que la mère patrie,
Philippe, être toujours de Dieu
Bénie!
O Saint-Joseph, aimable lieu,
Adieu!

C'est ainsi que grandit ta jeune colonie.
Deux de ses nourrissons ont chanté ce séjour;
Mais ton peuple, à l'étroit dans la mère-patrie,
Pour ses fêtes manquait d'espace et de grand jour.
Tu dis : Haquet dessine; et bientôt sort de terre
Ce bâtiment si spacieux,
Où siégent tes enfants joyeux

Pour y bénir ton nom, bon Père.
A l'architecte qu'on vénère
Donnons un souvenir pieux.

Avant d'être à l'honneur, il est mort à la peine.
Quelle perte pour tous! mais quel coup pour ton cœur,
Privé de sa moitié! La foi seule y ramène
Assez de force encor pour suffire au labeur.
Et je vois, par tes soins, la crypte mortuaire
De nos fondateurs vénérés,
Que la mort n'a point séparés,
S'orner d'un double sanctuaire.
Saint Xavier dès lors et saint Pierre
Gardent leurs ossements sacrés.

Robert meurt à son tour. Pour adoucir nos larmes
Tu voulus qu'en ce lieu son corps fût rapporté.
Il nous laissait ses plans; son crayon plein de charmes
Retrouve en d'autres mains son goût, sa sûreté.
Tu recueilles sa cendre, un autre son génie.
Malgré l'espace si restreint,
Voici qu'aux abords du Lieu-Saint
S'ouvre une riche sacristie :
Son style a la même harmonie
Que le temple auquel elle tient.

Mais il est d'autres soins pour un si vaste zèle,
Labeurs plus doux encor que ces sacrés travaux.

Voyez-vous ces petits qu'il cache sous son aile,
La pieuse maman qu'il donne à ses agneaux?
Son cœur veut tant de bien à la pauvre jeunesse!
Travail, repos, vivres, santé,
Tout est réglé par sa bonté.
Il nous ménage en sa tendresse
Ce *grand congé* que sa sagesse
Avait bien longtemps redouté.

Telle est, pour ses enfants, sa douceur paternelle,
Qu'il voudrait ne jamais ni gronder ni punir;
Et sa sollicitude est vraiment maternelle.
S'il a soin du présent, il songe à l'avenir.
Pour nous faire aimer Dieu quelle tendre éloquence!
La voix du père et du pasteur
N'est plus la voix du professeur.
Que de conseils il nous dispense
Quand sa piété, sa science
Coulent doucement de son cœur!

En ta chère maison tu gardes la mémoire
D'un passé glorieux. Ils ont bien pu mourir
Ses pieux fondateurs : tu nous redis leur gloire ;
Ainsi, jamais chez nous leur nom ne peut périr.
De la plume de Pierre, ou plutôt de son âme
Sont sortis récits si touchants!
Tu les fais lire à tes enfants.

Chaque page émeut, elle enflamme
D'une pure et vivante flamme
Leurs cœurs, touchés de tels accents.

De ton règne béni j'ai chanté les merveilles :
J'ai redit tes travaux, j'ai redit ta bonté.
Si ma muse sincère a blessé tes oreilles,
Philippe, ne t'en prends qu'à ton humilité.
Au ciel, Pierre et Xavier approuvent cet hommage :
Ils ont vu tes soins et tes sueurs,
Ils souscrivent à ces honneurs.
Leur voix te répète : Courage!
Tu t'es mis sous leur patronage,
Espère en de tels protecteurs.

Mais quel est ce groupe de tout jeunes enfants qui s'avance, tenant à grand'peine dans leurs mains d'énormes bouquets? Ils s'approchent sans trop de crainte de Monseigneur lui-même, qui, à l'exemple du divin Maître, n'a garde de les repousser. Ils chantent, et l'air, et les paroles, et le ton, tout respire une naïveté charmante. Ce sont les derniers-nés de la famille, les plus petits agneaux du troupeau. Espoir de la Maison, ils grandissent sous la garde d'une religieuse qui en use avec eux comme une mère. Ecole maternelle, en effet, s'il en fut; on y apprend déjà les éléments de la lecture et de l'écriture, voire même de l'arithmétique. De temps en temps, M. le Supérieur fait subir à ce petit monde de sérieux examens. Heureux enfants, ils ne songent même pas au baccalauréat!

## CHANSON DES BÉBÉS

Tra la la la
Tra la la la la
Tra la la la la
Dieu donna le doux ramage
Dans les bois au tendre oiseau;
Vos chers bébés en partage
N'ont pas un talent si beau.

Prêtez toutefois l'oreille,
Monseigneur, aux chants nouveaux
Que de leur bouche vermeille
Vous offrent ces chers agneaux.

Vous agréez notre hommage
En souriant tendrement;
Pour nous quel heureux présage
Qu'un sourire seulement!

Mais on dit qu'un vrai langage
S'échappe parfois des fleurs.
Que celles-ci soient le gage
De tout l'amour de nos cœurs!

Monseigneur et toi, bon Père,
Recevez donc ces bouquets,
Avec un merci sincère
Pour votre amour, vos bienfaits.

Tout à coup, changement à vue : c'est une procession qui vient de l'autre extrémité de la salle. Précédé de ses Massiers, un Recteur s'avance suivi des quatre Facultés; oui, de vrais Massiers, un vrai Recteur, de vraies

Facultés: du moins les costumes en font foi, superbes qu'ils sont et tout-à-fait authentiques.

C'est, paraît-il, l'ancienne Université de France qui vient en personne célébrer la cinquantaine de M. le Supérieur, et qui, pour gage de son admiration, dépose sur sa tête le bonnet de docteur. L'assemblée a pu se croire un moment transportée au temps du bon Rollin, et elle a vivement applaudi cette heureuse fiction, relevée de tout l'appareil extérieur qu'elle comportait, et couronnée par un chœur en latin du plus imposant effet. L'honneur en revient aux élèves de philosophie, qui ont conçu l'idée de cette scène rétrospective.

C'est sur le refrain de bon augure :

*Vivat, vivat, vivat, ille doctor optimus,*
*Crescat et floreat, tanto rectore, Domus!*

que se clòt la séance littéraire du matin. Sa

Grandeur avait paru prendre un réel intérêt à nos essais poétiques : Elle a bien voulu exprimer sur-le-champ la satisfaction qu'Elle en avait éprouvée ; avec quelle délicatesse de sentiment, avec quel bonheur d'expression, ceux-là le savent qui ont eu le plaisir de l'entendre. Nous ne pouvons malheureusement donner de cette belle allocution qu'une courte et froide analyse.

Unissant d'abord sa voix au concert d'éloges qui avait retenti dans cette matinée autour du digne Supérieur, Monseigneur élève bientôt les cœurs au-dessus des fêtes d'ici-bas. Il nous montre le ciel reflétant en quelque sorte l'éclat des belles journées de la terre, et il appuie sa pensée sur une opinion de saint Thomas, qui ne craint pas d'avancer que la gloire des saints dans le ciel peut s'augmenter, avec la gloire même des œuvres qu'ils ont laissées sur la terre. Pourquoi les vertueux fondateurs de cette Maison ne sentiraient-ils pas aujourd'hui un accroissement de joie et de bonheur, comme le contre-coup de cette cinquantaine, Dieu permettant qu'ils jouissent là-haut encore du progrès de leur œuvre, et ne cessent pas de recueillir dans l'allégresse ce qu'ils ont semé dans les larmes? « Il nous a semblé, dit éloquemment Sa Grandeur en finissant, il nous a semblé voir les âmes de ces vaillants ancêtres passer au milieu de cette assistance, quand les chants de la pitié filiale évoquaient avec amour leurs noms bénis et leur vénérée mémoire. »

## *LE BANQUET*

L'heure est venue de passer à une autre partie du programme, et non la moins importante, le dîner.

Descendons de la salle haute dans la salle basse ; celle-ci, qui est le théâtre ordinaire des jeux de l'enfance, a pris l'aspect d'une splendide salle de festin. Nous ne nous attarderons pas à la décrire; on sait assez que la superbe ordonnance d'un banquet n'a de charme que pour ceux qui ont l'espérance de s'y asseoir. Figurez-vous trois grandes tables s'étendant parallèlement dans toute la longueur de la salle; suspendez en festons le long des murailles de rouges tentures enguirlandées de verdure. Et puis, si vous aimez à voir dans la décoration d'une salle de festin quelque chose qui parle à l'esprit ou au cœur, voici les armes de Jeanne d'Arc en face des armes de Sa Grandeur ; voici encore les sceaux des quatre maisons ecclésiastiques, dessinés en grand par de jeunes artistes. Fénelon proscrivait « tout ce qui n'est qu'ornement » ; nous croyons que son goût sévère aurait fait grâce aux ornements que nous venons de dire, en faveur de l'intention délicate qu'ils expriment.

Bien qu'*Israël eût ce jour-là dilaté ses tentes*, la place manqua pour réunir dans un banquet de famille là Maison tout entière, et les plus jeunes durent émigrer pour dîner au réfectoire des grands. Les grands se félicitèrent de leur droit d'aînesse qui leur permettait de s'asseoir au même banquet que Monseigneur et les invités. Par une heureuse innovation, les élèves de chaque classe furent réunis à table autour de leur professeur. Ce fut une joie pour tous, maîtres et écoliers. Que d'impressions et de souvenirs pénibles furent effacés dans ces agapes fraternelles! Que de petites querelles furent oubliées! De pensums et de punitions, de leçons à réciter, de devoirs à faire, point de nouvelles. A la bonne heure une classe de ce genre! une classe où le *Potage Crécy* remplace la récitation, où les *Poulets rôtis*, les *Petits pois au sucre*, etc., tiennent lieu de grec et de latin! Les moins appliqués à la grammaire ne se firent point rappeler à l'ordre pour goûter au *Fromage glacé vanille*. Aussi quel entrain! Quelle gaieté!

De mémoire d'écolier, jamais pareil dîner n'avait été servi sur les tables d'ailleurs trop étroites d'un réfectoire. Les fameux banquets tant célébrés de la Saint-Charlemagne ne sauraient être comparés au dîner de la Saint-Philippe de 1889. Un menu, oui, un menu étalait aux yeux de nos jeunes convives les noms savants des mêts différents qui composaient ce repas homérique.

C'était le régal des plus petits de suivre, liste en main, le défilé des plats, et de constater chaque fois que le menu n'était pas trompeur. Ceux qui, plus avancés dans les études, avaient lu Horace, le chantre des festins, ne manquaient pas de rapporter les propos du poète de Venouse sur le vin et la bonne chère : on se réclamait de lui, pour ne refuser rien de ce qui était offert, et l'on se gardait bien d'en appeler d'Horace dînant chez Mécène, à Horace soupant à Tibur avec un plat de légumes. Quant aux vins, ils perdirent leurs noms, et le Bordeaux et le Frontignan s'étonnèrent de s'entendre appeler Falerne ou Chio. Le professeur essayait-il d'exprimer quelques craintes pour la solidité de certains cerveaux, c'est encore le bon Horace qui répondait que :

*Narratur et prisci Catonis*
*Sæpè mero incaluisse virtus.*

La vertu du vieux Caton,
Chez les Romains tant prônée,
Fut souvent aussi, dit-on,
De Falerne enluminée.

Le café, quoique trop moderne pour être classique, n'en fut pas moins bien accueilli à son tour. Il n'excita pas cependant, parmi la jeunesse de 1889, le même enthousiasme que chez leurs aînés de 1876. Ceux qui eurent le bonheur d'assister à la cinquantaine de la Maison se rappellent les frénétiques applaudissements qui saluèrent l'apparition du café au réfectoire. Sans doute, après toutes les surprises de la journée, le café n'en était pas une ; peut-être aussi, en notre temps si fertile en merveilles de toutes sortes, le *Nil admirari* est-il devenu une maxime à la portée des enfants.

Comment un pareil festin n'aurait-il pas été un peu bruyant? L'animation, comme c'est l'ordinaire, alla croissant. Si le bon vin délie les langues les plus rebelles, que ne fait-il pas sur une assemblée d'enfants et de jeunes gens? Toutefois, le respect pour l'hôte illustre qui siégeait à la table d'honneur, le souvenir des recommandations de M. le Supérieur lui-même, tempérèrent assez les éclats de leur joie pour que, sur un simple signe, le silence s'établît tout à coup à la fin du dîner. M. le Supérieur s'était levé : au milieu de la plus profonde attention, nous dirions volontiers du recueillement général, il lut d'une voix nette, quoique tremblante d'émotion, le discours que nous sommes heureux de reproduire ici.

Monseigneur,

Messieurs,

Mes Chers Enfants,

Vous me permettrez, je l'espère, d'interrompre la joie un peu bruyante du festin, et de réclamer la parole pour quelques instants. Je voudrais essayer, maîtrisant une émotion bien naturelle, d'exprimer tout haut des sentiments que mon cœur a bien de la peine à contenir.

Ce sont avant tout des sentiments de reconnaissance envers Dieu pour les grâces dont il n'a cessé de me combler depuis un si long temps. C'est lui qui, prenant la direction de ma vie, a bien voulu y mettre cette unité, et me conduire jusqu'à ce jour par une voie droite et sûre, m'épargnant les embarras et les incertitudes qui accompagnent souvent un nouveau genre de vie.

J'étais bien jeune encore, lorsque la Providence, me prenant par la main, m'amena dans cette Maison, comme au sein d'une nouvelle famille. Certes, celle que je quittais m'était bien chère. Celle où j'étais reçu m'entoura de tant de soins et de tant d'affection, qu'elle me devint presque aussi chère que la première.

Qui m'eût dit alors que, fidèle à ces murs, fidèle à ces affections, ma vie s'écoulerait dans cette enceinte?

Ce temple est mon pays : je n'en connais pas d'autre.

Aussi, qu'ils étaient doux les liens qui me retenaient! Liens d'un amour tendre et d'un respect tout filial pour ceux que Dieu avait donnés pour fondateurs à cette maison, et qu'il avait établis les pères de cette famille. Je me glorifie d'être leur enfant à bien des titres. Mais, depuis surtout que je suis entré dans leur héritage, combien je m'estimerais heureux de pouvoir revendiquer avec eux quelque trait de ressemblance!

Ils étaient l'un et l'autre si vrais et si sincères! Avec des caractères différents, je pourrais dire opposés, c'était la même distinction dans l'esprit, la même délicatesse dans les sentiments, la même religion envers Dieu, le même respect de l'autorité, le même oubli de soi, la même modestie. Quel zèle pour le bien! quel amour pour l'Église! Quel dévouement pour la jeunesse! Dans l'un comme dans l'autre, c'était la même droiture de jugement, la même force de persuasion, la même amitié sûre et fidèle.

Quels exemples ils nous ont laissés! et comme leur vie est encore pour moi tous les jours un enseignement et une lumière. Dieu veuille que je ne sois pas trop indigne de mes pères, et qu'eux, à leur tour, n'aient pas trop à rougir de leur successeur!

Vous me pardonnerez, Monseigneur, de m'attarder ainsi avec ceux qui ne sont plus, et dont la mort a consacré la mémoire, lorsque je vous devais tout d'abord l'hommage de mon respect et de ma reconnaissance. Il est bien profond ce respect, et cette reconnaissance est bien vive et bien sincère.

Depuis que Dieu, dans sa bonté, vous a donné à l'église de Rouen, vous vous êtes montré pour nous, et pour moi en particulier, si bon, si paternel! Ce n'est un mystère pour personne que votre amour pour la jeunesse et pour l'enfance. Tous ceux que la vocation divine et la mission que vous leur confiez appliquent au ministère de l'éducation, et ils sont nombreux dans ce beau diocèse, tous ceux-là pourraient dire, aussi bien et mieux que moi, ce qu'on trouve dans votre cœur de sympathique intérêt, de douce et affectueuse tendresse. Lorsqu'on vous parle de ces chers enfants, on sent que vos entrailles de père et d'évêque sont émues : votre oreille ne se lasse jamais d'entendre, ni votre cœur de bénir.

Comment ne serions-nous pas touchés de cette preuve nouvelle de l'intérêt que vous portez à notre œuvre? Les échos retentissent encore du bruit des magnifiques fêtes qui, naguère, dans votre antique cathédrale, réunissaient au pied de votre chaire cette foule d'esprits distingués, honneur du pays, amis de tout ce qui est beau, de tout ce qui est noble et grand. Ils s'étaient empressés d'accourir à votre appel, et ils demeuraient captivés par le charme de votre parole. Pour vous, sans prendre un moment de repos, après le travail d'une visite pastorale, pleine de consolations, mais aussi de fatigues, vous souvenant de la bonté avec laquelle vous aviez bien voulu vous inviter à cette fête, vous êtes venu vers nous pour nous consacrer vos premiers moments. Ah ! soyez béni de cette condescendance, de ce nouvel encouragement donné à nos travaux !

Merci aussi à vous tous, Messieurs, qui, si nombreux, nous entourez en ce moment : à vous surtout, Messieurs et vénérés Collègues, Supérieurs de toutes les maisons de ce diocèse. Je ne saurais dire combien votre présence, si empressée, si sympathique, me touche en cette circonstance. Aussi, il me semble qu'en vérité cette fête s'adresse à vous aussi bien qu'à moi. Notre œuvre n'est-elle pas commune? ne connaissons nous pas les mêmes soucis, les mêmes sollicitudes? Si je vous ai précédés de quelques années dans la carrière, n'y marchez-vous pas avec un zèle et une ardeur que je voudrais pouvoir égaler?

A vous aussi, Messieurs, anciens professeurs, anciens élèves de cette maison, ma bien affectueuse reconnaissance. Cette maison est la vôtre; vous le savez, n'est-ce pas, vous qui avez contribué à la faire ce qu'elle est?

Les uns, mes anciens condisciples et mes anciens confrères, dans ce labeur incessant et rude sans doute, mais doux et consolant de l'éducation, amis de plus de cinquante ans, comme je voudrais proclamer ici vos noms! Mais il n'est pas nécessaire : la confiance dont le premier pasteur vous honore, le respect du clergé, l'affection des peuples, l'éclat de vos œuvres vous désignent assez.

Que de bons jours passés ensemble, lorsque, portant le poids du jour et de la chaleur, nous entr'aidant les uns les autres, jeunes encore et pleins de bonne volonté plus peut-être que d'expérience, nous prenions gaiement notre part du travail, et que, sous la conduite de maîtres vénérés, pleins d'ardeur et d'entrain, sans arrière-pensée, nous ne songions qu'à la Maison et à l'Église !

Et vous qui êtes venus plus tard, vous qui avez été nos disciples, avant de devenir nos auxiliaires, merci, Messieurs, pour le concours que vous nous avez prêté, pour l'affection que vous nous témoignez encore.

C'est notre consolation, en effet, et ici je m'adresse à vous tous qui m'écoutez, prêtres et laïques ; j'envoie cette parole à ceux même qui ne sont pas ici, qui s'y trouveraient sans doute, si les circonstances ne les avaient pas retenus, si surtout une enceinte plus spacieuse nous eût permis une hospitalité aussi large que notre cœur et que nos désirs. Oui, c'est notre consolation de trouver en vous des amitiés si vivaces et si fidèles.

Si vous saviez quel encouragement c'est pour nous, dans les moments pénibles et difficiles (car il en est quelquefois), de nous sentir entourés d'amis dévoués et éprouvés. Or, nous savons, Messieurs, que nous pouvons compter sur vous. Vous aimez la Maison, ses traditions et ses souvenirs. Vous êtes sensibles à sa réputation : vous prenez part à ses joies comme à ses peines. Soyez assurés que vous n'avez pas affaire à des ingrats, et qu'autant votre amitié nous est précieuse, autant nous tenons à cœur de nous en montrer dignes.

Et maintenant je m'adresse à vous, mes chers et bien-aimés confrères, mes auxiliaires de tous les jours, professeurs de cette maison. Pourrais-je, en effet, vous passer sous silence et paraître vous oublier en ce moment? Cette fête, c'est vous qui l'avez voulue; c'est vous qui l'avez préparée. Certes, je n'avais pas besoin de cette nouvelle marque de votre attachement. Mais qu'elle me soit une occasion de vous remercier publiquement, et devant cette assemblée, de ce que vous faites tous les jours pour m'aider à porter le fardeau dont je suis chargé, et pour m'en rendre le poids plus léger et plus facile. Que tout le monde ici sache votre zèle et votre application au travail, votre bon esprit, votre dévouement. Que tous connaissent en même temps mon affection pour vous et ma reconnaissance!

C'est par vous que je termine, mes chers enfants. Je vous adressais hier mes remerciements pour vos souhaits de bonne fête : il n'est pas nécessaire de les renouveler aujourd'hui. Que j'aime bien mieux, en vous offrant à mon tour mes souhaits, vous dire mes désirs, et les sentiments que doit vous inspirer cette fête !

Montrez-vous toujours dignes de l'affection et de l'intérêt dont vous êtes l'objet. Rendez heureux tous ceux qui vous aiment. Et que celui qui, avant tous les autres et plus que tous les autres, est ici pour nous comme pour vous vraiment un Père et notre premier Supérieur, que le vénérable Archevêque, dont la présence prête en ce moment à mes paroles une autorité plus grande, trouve en chacun de vous la reconnaissance et l'amour, le respect et l'obéissance qu'il mérite à tant de titres ; que plus tard, et lorsque vous serez des hommes, il puisse compter sur votre concours empressé pour l'aider à faire le bien, et que vous vous souveniez toute votre vie que vous avez été élevés ici, sous son aile et par ses soins !

Nous voudrions laisser nos lecteurs, comme l'a dit Monseigneur lui-même, sous le parfum de cette belle parole ; mais il nous reste à dire quelques mots sur la séance de l'après-midi.

## *LA COMÉDIE*

Les médecins devraient recommander la comédie après le dîner, et en particulier *le Bourgeois Gentilhomme*. Nous en appelons à tous ceux qui ont assisté à la représentation de cette pièce, le jour de notre cinquantaine. Nos jeunes acteurs ont interprété avec bonheur l'œuvre de Molière. Ils ont fait rire, et beaucoup rire, soit en rendant avec assez de naturel les traits de haut comique qui font le mérite des trois premiers actes, soit en enlevant la *bourle* finale avec tant d'entrain, que nul n'a songé à se plaindre qu'une comédie de caractère se terminât par une farce si invraisemblable.

Il fallait bien que la fête, comme la comédie, eût une fin. C'est ce que nous a fait comprendre aisément une simple chansonnette, la chansonnette des *Adieux*.

## CHŒUR DES ACTEURS

### CHANT DES ADIEUX

Refrain

Et ran plan plan et tra la la ;
Oh ! quel beau jour que celui-là,
Et que sous ce toit pieux
L'on coule des jours heureux !

I

Après dix lustres, bon père,
Quel aimable anniversaire!
Oh! quel jour délicieux!
Quelle douce jouissance
Pour nous et pour l'assistance
De te chanter en ces lieux!

II

En vain l'on voudrait se taire,
L'entrain est involontaire,
Un chacun chante céans.
C'est plus ou moins poétique;
Mais enfin c'est d'la musique
Pour fêter tes cinquante ans.

III

Je voudrais que centenaire,
Avec l'assemblée entière,
On te pût encor chanter!
Daigne au moins la Providence
T'accorder son assistance
Et ne jamais t'attrister!

IV

A Monseigneur notre hommage.
Qu'il daigne, dans ce ramage,
Agréer nos compliments,
Le merci de notre père,
Et de sa maison entière
Les adieux reconnaissants.

V

Bonsoir à la compagnie;
Car, enfin, la comédie
Ne peut pas toujours durer.
Le train ne saurait attendre,
C'est bien facile à comprendre;
Il faut donc se séparer.

VI

Merci pour votre indulgence.
Avec tant de patience
Vous avez tous écouté.
Nous aurions voulu mieux faire;
Si nous avons pu vous plaire,
C'est grâce à votre bonté.

Après une semblable journée, pouvait-on, sans transition, reprendre les travaux et le règlement accoutumés? Non, sans doute. Quelques jours de vacances étaient nécessaires pour couronner dignement une si belle fête et pour imprimer dans les cœurs le souvenir de la Cinquantaine.

Justement la fête de la Pentecôte arrivait dans deux jours : heureuse coïncidence, dont tout le monde comprenait la portée! Mais voici mieux encore : Sa Grandeur veut laisser à l'enfance une nouvelle preuve de sa bonté : Elle accorde un jour de congé; ce sera le lundi de la Pentecôte. A cette faveur nouvelle, nous n'osons dire inattendue, l'enthousiasme est au comble ; la joie devient presque du délire : acclamations et applaudissements se prolongent. Quand auraient-ils cessé, si l'heure n'était venue de prendre le train, que personne ne voulait manquer ?

Cette journée comptera parmi les plus belles qui ont marqué dans les annales de la Maison. C'était la fête de la Maison, en effet, autant que la fête de son chef. Sans doute, c'était à M. le Supérieur lui-même que s'adressaient directement les hommages et les félicitations : mais aussi, du même coup, ils s'adressaient à la Maison elle-même, à l'œuvre qui a su inspirer un amour et un dévouement de cinquante années. La Maison, elle était présente à tous les esprits pendant cette revue d'un demi-siècle, d'abord, à sa naissance, sortant à peine de terre, et déjà féconde en vertus ; puis, s'élargissant et étendant plus loin son ombre bienfaisante, jusqu'à ce qu'elle s'épanouît dans la pleine maturité de ces dernières années. Toujours son image bien-aimée apparaissait, pendant que nous retracions cette carrière de cinquante ans ; tantôt, comme un génie tutélaire, debout auprès de l'enfant, et le tenant par la main; tantôt soutenant le professeur et relevant son courage, en lui montrant l'avenir; et puis, s'appuyant sur le bras du Supérieur et s'abandonnant à sa direction.

Présente à l'esprit de tous, la pensée de la Maison vous a suivi plus que personne dans cette journée mémorable, cher et vénéré Supérieur. Comme elle a souvent ranimé votre ardeur dans les jours de peine et d'embarras, ainsi, dans ce jour d'honneur, elle a calmé les scrupules de votre modestie, en prenant sa part des hommages et des louanges qui vous étaient adressés. Nous le savons, vous n'eussiez pas souffert d'être l'unique et exclusif objet de cette fête : être rangé à la suite des saints fondateurs, comme leur fils et leur successeur, l'héritier de leur esprit et de leur bonne volonté; avoir une place dans le groupe d'élite formé par les prêtres vertueux et désintéressés qui ont travaillé ou travaillent encore à l'œuvre de Xavier et de Pierre, voilà votre seule ambition et votre seul orgueil. Nous avons essayé de répondre à vos intentions; nous avons appelé près de vous les vivants, nous avons évoqué par la poésie ceux qui ne sont plus; et tous sont venus se placer, dans cette journée, autour de vous, leur fils ou leur frère, comme ce chœur de poètes qui se levait jadis en présence d'Homère :

*Utque Viro Phœbi chorus assurrexerit omnis.*

Puisse-t-elle prospérer longtemps encore sous votre sage direction, la Maison qui vous est si chère! Vous l'avez vue le 6 juin dernier abriter à la fois les représentants des diverses générations qui ont passé dans ses murs; à vos regards émus, les pères et même les grands-pères embrassaient les fils et les petits-fils à l'ombre des arbres qu'ils avaient plantés. Veuille la divine Providence que vous jouissiez longues années encore de cette fidélité des familles à la Maison, et que se perpétuent au milieu de nous, sous vos auspices, les noms les plus honorables de la contrée !

*Et nati natorum et qui nascentur ab illis.*



Yvetot, 28 juillet 1889.

www.ingramcontent.com/pod-product-compliance
Ingram Content Group UK Ltd.
Pitfield, Milton Keynes, MK11 3LW, UK
UKHW021624260726
13994UKWH00003B/1060